Art of Parenting

자녀의 마음이
하나님께 향하게 하는

Parenting

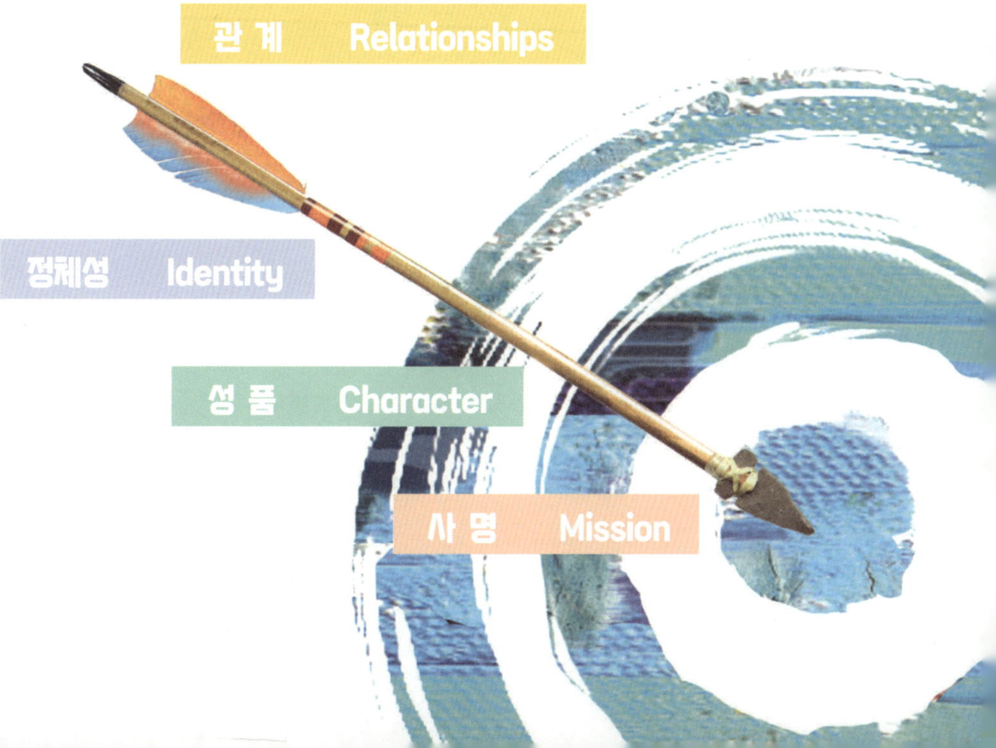

- 관 계　Relationships
- 정체성　Identity
- 성 품　Character
- 사 명　Mission

자녀의 마음이 하나님께 향하는 Parenting

2025년 8월 29일 초판 발행

지 은 이 FamilyLife USA
발 행 처 순출판사
편   집 FamilyLife Korea
주   소 서울시 종로구 백석동 1가길 2-8
전   화 02)722-6931~2 팩 스 02)722-6933
등록번호 제 2020-000159호

값 6,000원
ISBN 978-89-389-0384-6

본서의 판권은 순출판사에 있습니다. 무단 전재 및 복제를 금합니다.
책 내용과 관련된 문의는 FamilyLife Korea(02-397-6385)으로 문의 바랍니다.

Originally published in the USA
By FamilyLife Publishing®, Under the Title
The Art of Parenting®
Copyright© 2018 By Dennis and Barbara Rainey
FamilyLife® is a ministry of Campus Crusade for Christ

Contents

1. 양육의 목적 ········· 06
2. 관 계 ········· 18
3. 성 품 ········· 28
4. 정체성 ········· 40
5. 사 명 ········· 52
6. 화살 차트 ········· 60

'자녀를 노엽게 하지 말라'

어느 주일 점심, 한 가족이 함께 식사하며 '자녀는 부모에게 순종해야 한다'는 주제로 이야기를 나누고 있었습니다. 그 대화에 끼고 싶었던 일곱 살 딸아이가 씩씩하게 외쳤습니다. "맞아요! 그런데 부모님은 애들한테 화내면 안 돼요!" 귀엽고 순수한 그 말은 반은 맞았습니다. 에베소서 6장 4절에는 이렇게 기록되어 있습니다.

> "또 아비들아 너희 자녀를 노엽게 하지 말고"

그리고 이어지는 말씀은 "오직 주의 교훈과 훈계로 양육하라"라고 기록되어 있습니다. 이 말씀은 자녀 양육의 중요한 균형을 말해줍니다. 단지 순종을 요구하는 것이 아니라, 부모도 자녀를 하나님의 방식으로 양육해야 할 책임이 있다는 것입니다.

이것이 Art of Parenting(AOP)의 핵심 목적입니다. 부모가 자녀의 마음이 하나님을 향할 수 있도록 성경적 원칙에 따라 자녀를 양육하도록 돕는 것입니다.

왜 '화살'인가?

성경은 자녀를 '화살'에 비유합니다.
"젊은 자의 자식은 장사의 수중의 화살 같으니 이것이 그의 화살통에 가득한 자는 복되도다 그들이 성문에서 그들의 원수와 담판할 때에 수치를 당하지 아니하리로다" (시 127:4-5)

구약 시대의 자녀는 가정을 지키는 든든한 전력이었습니다. 오늘날 우리가 마주한 싸움은 물리적 전쟁이기보다는, 세상의 거센 문화와 반(反)성경적 가치관에 대한 영적 전쟁일 것입니다.

이런 세상 속에서 자녀가 믿음을 지키며 살아가려면, 하나님을 경외하는 세대가 되어야 합니다. 문화비평가 닐 포스트만은 '자녀는 우리가 경험하지 못한 미래로 보내는 살아 있는 메시지'라고 말했습니다. 부모는 자녀를 살아 있는 메시지로 준비시켜야 하는 역할로 부름을 받았습니다.

Art of Parenting의 저자인 데니스 레이니는 시편 127편 4-5절을 묵상하던 중, 하나님이 자녀가 향해야 할 분명한 과녁을 이미 정해 두셨으며, 자녀는 단지 '안전한 화살통에 머무는 화살'이 아니라 하나님의 뜻을 따라 '세상을 향해 힘 있게 날아가야 할 화살'이라는 통찰을 얻게 되었습니다.

레이니는 화살의 각 부분을 통해
  관계(활고자와 살깃)
  성품(화살대)
  정체성(문양)
  사명(화살촉)
네 가지 영역에서 자녀 양육에 대한 원리들을 말합니다.

부모는 그 화살을 곧고 바르게 만들고, 하나님이 정하신 과녁을 향해 조준하며, 믿음으로 세상에 쏘아 보내야 할 사명을 받은 사람들입니다.

이 워크북이 부모 된 여러분의 여정을 든든히 세워 주고, 자녀의 마음이 하나님께 향하도록 돕는 자녀 양육을 배워가는 좋은 도구가 되기를 기도합니다.

구성 및 사용법

이 워크북은 자녀 양육을 위해 꼭 필요한 네 가지 핵심 요소 **관계, 성품, 정체성, 사명**을 중심으로 구성되어 있습니다.

자녀 양육 세미나, 부모 소그룹 모임 등 다양한 환경에서 활용할 수 있고 주제와 관련된 나눔 질문들이 있어 다른 가정의 나눔을 듣고 서로를 통해 배울 수 있습니다.

각 과마다 적용점을 기록하는 '액션 포인트'가 포함되어 있고, 마지막 세션에서는 그동안의 내용을 '화살 차트(Arrow Chart)'에 작성해 한 장의 시각화된 자녀 양육 로드맵을 완성하게 됩니다.

또한 모임 이후에 부족하다고 느끼는 부분들은 'Parenting 과제', 자녀와 함께할 수 있는 '상호 활동' 등을 통해 더 깊이 생각할 수 있는 시간을 가질 수 있습니다.

1. 양육의 목적

보라 자식들은 여호와의 기업(선물)이요
태의 열매는 그의 상급이로다
젊은 자의 자식은 장사의 수중의 화살 같으니
이것이 그의 화살통에 가득한 자는 복되도다
그들이 성문에서 그들의 원수와 담판할 때에
수치를 당하지 아니하리로다
시편 127:3-5

분명한 목적지가 있는 배가 떠돌지 않고 순항하는 것처럼 자녀 양육에서도 목적과 방향이 중요합니다.

마음 열기

- 나를 소개해 주세요. 어떻게 이 모임에 참여하게 되었나요?

  ....

  ....

- 이제 막 엄마가 된 친한 동생이 앞으로 어떤 부모가 되어야 할지 조언을 구한다면, 어떤 이야기를 해 주고 싶나요?

  ....

  ....

중요한 가치

많은 부모가 자녀 양육의 목표를 자녀의 안전, 행복, 성공에 둡니다. 물론 그것들은 중요한 것이지만, 그것만으로는 충분하지 않습니다. 하나님이 내 자녀에게 주신 고유한 목적을 발견하는 것, 그것이 진정한 양육의 방향이 되어야 합니다.

1. 자녀가 어떤 모습으로 자라길 바라시나요? 다음 목록에서 가장 중요하게 생각하는 것부터 차례대로 5가지를 정해 보세요. 목록에 없다면 추가로 적어도 좋습니다.

   ....

   ....

2. 내가 선택한 5가지 항목 중 가장 중요한 가치 3가지를 정하고 그 이유를 나눠 보세요.

   ....

   ....

□ 나는 내 아이가 다른 사람을 존중하는 사람이 되길 원한다.
□ 나는 내 아이가 학습적으로 뛰어나길 원한다.
□ 나는 내 아이가 인기 많은 사람이 되길 원한다.
□ 나는 내 아이가 예수님을 알고 사랑하길 원한다.
□ 나는 내 아이가 스포츠, 예술 등 특별한 관심이 있는 영역에 뛰어나길 원한다.
□ 나는 내 아이가 좋은 대학에 가길 원한다.
□ 나는 내 아이가 좋은 평판을 갖길 원한다.
□ 나는 내 아이가 나의 좋은 친구가 되길 원한다.
□ 나는 내 아이가 결혼해서 가족을 갖길 원한다.
□ 나는 내 아이가 다른 사람에게 믿음을 나누길 원한다.
□ 나는 내 아이가 고장 난 것을 잘 고치는 방법을 알기 원한다.
□ 나는 내 아이가 내가 좋아하는 것을 같이 즐기게 되길 원한다.
□ 나는 내 아이가 관대한 아이가 되길 원한다.

언젠가 자녀는 부모의 곁을 떠나, 자신의 삶을 선택하고 책임지며 살아야 합니다. 그때 자녀가 하나님과의 관계를 소중히 여긴다면, 하나님은 어떤 상황에서도 자녀를 안전하게 보호하시고, 두려움 속에서도 기쁨을 주실 것입니다. 하나님의 뜻을 따라 살아가는 삶이야말로, 진정한 성공의 길이 될 것입니다.

> 부모로서 자녀를 창조주 하나님과
> 연결하게 해주는 것보다 더 중요한 일은 없습니다.
> 자녀가 하나님과 관계를 맺는 것이
> 자녀 양육의 궁극적 목적이 되어야 합니다.

3. 자녀가 하나님과 연결되기 위해 일반적으로 부모들이 노력하는 것에는 어떤 것들이 있나요?

　..
　..
　..

4. 내가 선택한 3가지 중요한 가치는 자녀가 하나님과 인격적 관계를 맺는 것과 얼마나 연결되어 있나요?

　..
　..
　..

모든 그리스도인 부모가 자녀에게 가장 바라는 것은
그들이 거듭나서 회심하고 회개하며
예수 그리스도에 대한 믿음을 고백하고 그분과 동행하는 것이다.
우리는 이것을 그 무엇보다 원한다.
- 케빈 드영 -

 **부부 우선순위**

친구가 나에게 이야기합니다.

"우리 남편은 아이보다 항상 우리 서로를 우선순위에 두어야 한대. 나는 아이가 태어나고부터는 아이가 최우선 순위거든. 이게 당연한 거 아니야? 엄마 아빠가 되었으니 시간과 돈을 최대한 아이를 위해 쓸 수밖에 없지. 피곤하기도 하고 욕구도 안 생겨서 남편과 데이트도 별로 하고 싶지 않아. 우리 아이 예뻐할 시간도 부족하다는 생각이 들어. 그런데 남편은 그렇게 생각하지 않는 것 같아. 우리 부부만의 시간을 위해 노력하지 않고 서로에게 관심이 없어졌다고 불만이 가득해. 남편이 너무 철이 없는 거 아니야?"

5. 자녀보다 부부에게 우선순위를 두어야 한다는 말이 어떻게 다가오나요? 친구의 이야기에 나는 어떻게 말할 것 같나요?

....

....

어느 누군가가 이런 말을 했습니다. "부부는 자녀의 날씨다." 부부 사이가 좋으면 자녀의 마음에도 햇살이 비치고, 부부가 다투면 자녀의 내면에는 천둥 번개가 몰아칩니다.

부부는 오래 살면 자연스럽게 친밀해질까요? 안타깝게도 그렇지 않습니다. 부부 관계는 마치 잡초와 풀이 자라는 정원과도 같아서, 애정을 쏟고 정성껏 가꾸지 않으면 금세 황폐해지기 마련입니다. 의도적으로 돌보고, 말과 행동으로 사랑을 표현할 때, 비로소 그 관계는 자녀에게도 따뜻한 날씨가 되어 줍니다.

6. 부부가 두 사람의 관계에 더 우선순위를 둘 때 자녀에게 미치는 긍정적 영향은 무엇일까요? 반면에 부부가 서로에게 우선순위를 두지 않을 때 미치는 영향은 무엇일까요?

    ....
    ....
    ....

부부에게 우선순위를 둘 때
자녀는 정서적으로 안정되고 더 강해집니다.

1. 양육의 목적

하나님은 자녀를 선물이라 하셨고 화살에 비유하셨습니다. 때로는 부모로 살아가는 것이 너무 힘들고 벅찹니다. 그러나 우리에게 성경은 여전히 자녀를 선물이라고 말씀합니다. 지금 내 앞에 있는 자녀가 당신의 온 마음을 담아 사랑하고 있는 존재입니다.

하나님이 우리의 자녀가 꼭 성장하길 바라시는 영역이 있는데 그것은 **관계, 성품, 정체성, 사명**입니다.

> 보라 자식들은 여호와의 기업(선물)이요
> 태의 열매는 그의 상급이로다
> 젊은 자의 자식은 장사의 수중의 화살 같으니
> 이것이 그의 화살통에 가득한 자는 복되도다
> 그들이 성문에서 그들의 원수와 담판할 때에
> 수치를 당하지 아니하리로다
> 시편 127:3-5

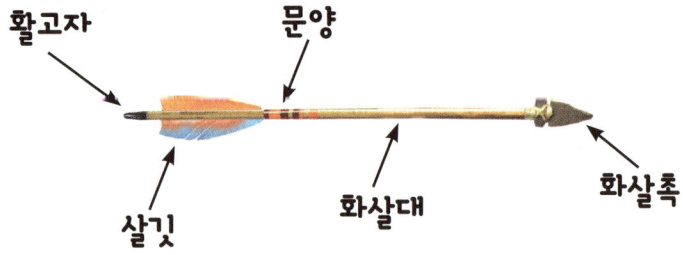

시편 말씀처럼 자녀를 화살에 비유해 보면 다음과 같습니다.

1. 활고자와 살깃: 자녀가 맺는 관계

화살에 있는 홈을 **활고자**라 하고 힘을 고정하고 집중시키는 역할을 합니다. 이것은 자녀와 하나님과의 관계를 비유합니다. 자녀가 신실한 믿음으로 살아간다면, 세상의 다양한 어려움을 겪을 때 하나님이 주시는 힘으로 바람을 가르듯 힘차게 나갈 수 있을 것입니다.

살깃은 화살이 날아갈 때 올바른 방향으로 날아갈 수 있게 합니다. 이것은 대인 관계를 비유합니다. 자녀가 주변 사람들과 좋은 관계를 맺어 가는 것은 인생을 올바른 방향대로 이끄는 데 꼭 필요한 힘과 위로, 격려와 자원이 될 것입니다.

2. 화살대: 자녀의 성품

몸체가 곧고 튼튼한 좋은 **화살대**는 화살이 멀리 정확하게 날아가게 해 줍니다. 건강한 성품을 지닌 아이는 하나님과 사람들에게 칭찬받으며 성취감 있는 인생을 살아갈 것입니다.

3. 문양: 자녀의 정체성

명품 화살은 다른 화살과 구분하기 위해 그 화살만의 독특한 **문양**이 있습니다. 정체성을 의미합니다. 자녀가 자신이 어떤 존재인지 명확하게 안다면 세상 속에 쉽게 휘둘리거나 휩쓸려 버리지 않게 될 것입니다.

4. 화살촉: 자녀의 사명

화살촉은 화살이 과녁에 정확히 꽂히게 합니다. 이것을 사명이라고 합니다. 모든 사람에게는 하나님이 부여해 주시는 삶의 목적, 열정, 비전이 있습니다. 부모는 하나님이 자녀를 위해 특별히 예비하신 독특한 사명을 함께 찾아 주어야 합니다.

*하나님은 우리가 자녀를
세상으로 쏘아 보내기를 원하십니다!*

액션 포인트

1. 나의 자녀를 하나님과 연결해 주기 위해 내가 부모로서 할 수 있는 일은 무엇이 있을까요?

   ....

   ....

   ....

2. 자녀 중심적이기보다는 부부에게 우선순위를 두기 위해 내가 시도해 볼 수 있는 것은 무엇이 있나요?

   ....

   ....

   ....

3. 다음 페이지 Parenting 과제를 배우자와 함께 시간을 정한 후 실천해 보세요.

Parenting 과제

1. 1과의 내용을 통해서 배운 것들을 배우자와 나눠 보세요.

2. 우리 부부는 자녀 중심적 부부인가요? 아니면 부부 중심적 부부인가요? 부부가 각자 점수를 체크해 보세요.

남편 자녀 중심 ─────────────────────── 부부 중심
5   4   3   2   1   0   1   2   3   4   5

아내 자녀 중심 ─────────────────────── 부부 중심
5   4   3   2   1   0   1   2   3   4   5

3. 건강한 부부 관계는 건강한 자녀 양육으로 이어지게 됩니다. 건강한 부부 관계를 세우기 위해서 부부가 함께 시도할 수 있는 것에는 어떤 것이 있을까요? 핸드폰이나 작은 메모지에 먼저 작성하고 배우자와 나눠 보세요.

2. 관계

나는 포도나무요 너희는 가지라
그가 내 안에 내가 그 안에 거하면
사람이 열매를 많이 맺나니
나를 떠나서는 너희가 아무것도 할 수 없음이라
요한복음 15:5

화살의 홈은 활고자라 불리며, 힘을 고정하고 집중시키는 역할을 합니다. 이는 자녀와 하나님과의 관계를 비유합니다. 자녀가 신실한 믿음으로 살아간다면, 인생의 어려움 속에서도 하나님의 힘으로 바람을 가르듯 나아갈 수 있을 것입니다. 또한, 살깃은 대인 관계를 상징합니다. 자녀가 주변 사람들과 건강한 관계를 맺을 때, 인생의 방향을 잡는 데 필요한 힘과 위로, 격려, 자원을 얻게 됩니다.

마음 열기

"아이들은 커서 추억을 먹고 산다."

어린 시절 부모님과의 추억에는 어떤 것들이 있나요? 다음 세 가지 질문 중 한 가지를 선택해서 나눠 주세요.

- 부모님과 함께했던 기억에 남는 추억이 있다면 나눠 주세요.
  (여행, 음식, 특별한 사건 등)

- 부모님께 들었던 가장 최고의 칭찬은 무엇인가요?

- 부모님께 들었던 가장 속상했던 말은 무엇인가요?

 **나와 자녀**

관계를 배우는 최고의 훈련장은 바로 가정입니다. 자녀는 부모를 통해 하나님과 동행하는 법을 배우고, 자신처럼 불완전한 사람을 사랑하고 용서하는 법을 익혀갑니다. 자녀가 부모로부터 무조건적 사랑을 경험할 때, 그 사랑은 하나님과의 관계와 다른 사람과의 건강한 관계를 연결해 주는 든든한 다리가 되어 줍니다.

1. 요즘 자녀와 만들고 있는 크고 작은 추억거리들은 무엇인가요? 앞으로 나의 자녀와 함께 어떤 활동이나 경험을 해 보고 싶나요?

   ....

   ....

2. 자녀와의 관계를 든든하게 세우기 위해서 해야 할 것과 하지 말아야 할 것이 무엇이었는지 나눠 보세요.

   ....

   ....

> 우리는 아이의 행동과 상관없이
> 매일 변함없이
> 아이를 사랑하기로 '결단'해야 합니다.

※ 자녀를 화나게 만드는 요소들

부부 사이의 불화	자녀의 이야기를 듣지 않기
분노 폭발	늘 바쁜 부모의 삶
감정 실린 체벌	다른 집 자녀와 비교하기
일관되지 못한 훈육	약속을 지키지 않기
율법주의적인 태도	사람들 앞에서 자녀를 혼내기
부모가 잘못을 인정하지 않는 것	잔소리를 또 하고 또 하기
잘못만 찾아서 지적하기	편애하기

십대 자녀가 부모보다 친구와 더 많은 시간을 보내고 그들을 더 신뢰하게 되더라도, 우리는 그들의 손을 놓지 말고 매일 자녀의 삶에 참여해야 합니다. 십대 자녀에게도 여전히 부모님의 사랑과 보호가 필요합니다.

아이와 친밀한 것이 중요하지만 놓치면 안 되는 것이 있습니다. 부모로서의 권위입니다. 프렌디(프렌드+대디)라는 말이 유행했을 때 친구처럼 친한 것만 강조되다 보니 부모를 너무 가볍게 여기는 현상이 나타나기도 했습니다.

부모는 자녀가 언제나 믿고 기댈 수 있는, 신뢰할 수 있고 대화할 수 있는 그러나 권위를 가진 친구가 되어야 합니다. 약속한 것은 반드시 지키고, 잘못된 것에 대해서는 엄하며, 가보지 않은 길에 대해 분명히 제시하는 것을 통해 자녀는 부모의 권위를 인정하게 됩니다.

형제자매 & 친구

가정은 자녀들이 나와 다른 사람을 받아들이고 함께 살아가는 법을 배우는 훈련의 장소입니다. 부모는 자녀들의 관계를 가꿔 주는 정원사이고 관리인이 되어야 합니다.

다음 이야기를 읽고 질문에 답해 보세요.

"우리 부부는 요즘 아이들 사이에서 매일 일어나는 다툼을 중재하느라 너무 힘들어요. 동생이 심심할 때마다 자주 형을 귀찮게 하고 화가 나게 만들기도 해요. 그렇지만 형이 동생을 너무 거칠게 다루니까 문제가 커지고 동생은 매번 울면서 고자질하기 바쁩니다. 심지어 어제는 아이들끼리 싸우다가 형이 동생에게 심한 욕을 하는 것을 목격했어요. 지켜보던 저도 폭발하고 말았지요. 첫째가 너무나 억울해합니다. 자신은 잘못한 게 없고 동생에게 했던 욕도 학교에서 친구들끼리 아무렇지도 않게 다들 하는 말이라네요."

3. 어떻게 조언해 줄 수 있을까요?

....

....

....

4. 형제자매나 친구 사이에서 일어나는 갈등을 어떻게 다루시나요?
   좋은 방법이나 경험을 나누어 주세요. (내 이야기가 아니어도 좋아요.)

   ....
   ....
   ....

> 형제끼리 갈등이 있을 때가 용서에 대해 가르칠 좋은 기회입니다. 자기 잘못에 대해 인정하고 사과할 줄 아는 아이 그리고 사과를 받아들이고 용서할 줄 아는 아이가 사회성 좋은 아이가 됩니다. 빨리 용서할 것을 재촉하지 말고 기다려 주고 일대일로 만나서 다루어 주는 것이 실제적인 도움이 될 수 있습니다.

형제간의 우정을 쌓는 것은 길고 고된 과정이다.
한두 주는 물론이고 2-3년 안에도 결과가 나타나지 않을 수 있다.
그럴 때 부모는 힘이 빠진다.
그래서 무엇보다도 현실적인 기대 수준을 정하는 게 중요하다.
최소한 몇 년은 고생을 각오해야 한다. 낙심하지 마라.
- 수잔 예이츠 -

하나님과 자녀

자녀 양육을 영어로 Parenting이라고 합니다. Childrening이라고 하지 않습니다. 자녀 양육에 있어 중심은 자녀에게 있지 않고 부모에게 있습니다. 부모가 하나님의 말씀에 순종해서 살아가는 모습을 자녀는 Modeling(모델로 삼음)합니다.

5. 자녀가 당신만큼만 하나님과 동행하면 좋을 것 같나요? 당신의 일상 속에서 경험하고 있는 하나님에 대해서 나눠 주세요.

....

....

....

당신이 부모로서 자녀에게 할 수 있는
가장 큰 일은 하나님과 동행하는 것이라고 생각한다.
당신에게 없는 것을 자녀에게 줄 수는 없다.
- 앤 윌슨 -

자녀는 우리가 말하는 것이 아닌 삶으로 보여 주는 것을 깨닫는다.
부모가 성경을 삶 속에 적용하지 않는다면
성경은 단지 정보일 뿐이다.

- 팀 키멜 -

액션 포인트

나와 자녀와 더 좋은 관계를 위한 '미션 적기'
(나와 내 자녀의 친밀감을 위해 이번 주부터 실천할 수 있는 것 두 가지를 구체적으로 적어 보세요.)

자녀 이름:

1. ....

2. ....

자녀 이름:

1. ....

2. ....

자녀 이름:

1. ....

2. ....

Parenting 과제

1. 나의 부모님은 나와의 관계에서 어떤 분으로 설명할 수 있나요? 배우자와 함께 나눠 보세요.

   아버지

   어머니

2. 나와 자녀와의 관계를 생각할 때 약점과 강점, 관계 성장을 위해 필요한 요소는 무엇이 있을까요? 각자 기록하고 배우자와 나눠 보세요.

자녀 이름			
약점	1) 2) 3)	1) 2) 3)	1) 2) 3)
강점	1) 2) 3)	1) 2) 3)	1) 2) 3)
필요한 요소	1) 2) 3)	1) 2) 3)	1) 2) 3)

자녀 상호 활동

1. 자녀와 함께 일대일 데이트를 계획하세요. 자녀가 한 명 이상일 경우 한 명씩 따로 시간을 잡아서 진행하셔야 합니다. 아이들은 자신에게만 집중하는 시간을 좋아하고 더 풍성한 시간을 보낼 수 있습니다.

2. 아이가 좋아하는 활동(볼링, 스포츠 관람, 인생네컷, 마라탕 먹기 등)을 하고 분위기 좋은 카페로 이동해서 아래 몇 가지 주제로 이야기를 나누세요.

    - 엄마, 아빠의 어린 시절 실수담이나 당황스러운 경험
      (억울했던, 슬펐던 일 등)

    - 엄마, 아빠의 어린 시절 부모님과의 추억 중에서 긍정적, 부정적 경험과 현재 자녀들에게 주고 싶은 추억

    - 자녀들이 기억하는 즐거웠던 추억과 앞으로 만들고 싶은 추억

    - 자녀들이 기억하는 슬프고 속상한 기억들, 엄마, 아빠가 "미안해." 라고 사과하길 원하는 사건

3. 성품

너희는 이 세대를 본받지 말고
오직 마음을 새롭게 함으로 변화를 받아
하나님의 선하시고 기뻐하시고
온전하신 뜻이 무엇인지 분별하도록 하라
로마서 12:2

몸체가 곧고 튼튼한 좋은 화살대는 화살이 멀리 정확하게 날아가게 합니다. 예수 그리스도의 성품을 닮은 자녀는 하나님과 사람들에게 칭찬받으며 성취감 있는 인생을 살아갈 것입니다.

부모가 자녀의 타고난 지능이나 기질, 신체적 특성을 바꾸기는 어렵습니다. 그러나 자녀의 성품에는 결정적인 영향을 미칠 수 있습니다. 성품 훈련은 아이가 어릴 때부터 시작해서 성인이 되어 세상에 나갈 때까지 계속됩니다.

마음 열기

- 나는 평소에 자녀를 어떻게 양육하고 있나요? 아래 항목 중에 평소 자신의 모습이라고 생각하는 항목 5개를 체크하고 나눠 보세요.

☐ 창조적인 ☐ 긍정적인 ☐ 감정적인 ☐ 요구가 많은 ☐ 참을성 있는

☐ 예의 바른 ☐ 엄격한 ☐ 화난 ☐ 일관성 없는 ☐ 너무 관여하는

☐ 복수하는 ☐ 일관적인 ☐ 의도적인 ☐ 방어적인 ☐ 관여하지 않는

☐ 지지하는 ☐ 복잡한 ☐ 너그러운 ☐ 융통성 있는 ☐ 반응을 잘하는

☐ 민주적인 ☐ 따뜻한 ☐ 소모적인 ☐ 통제하려는 ☐ 선을 지키는

☐ 평화롭고 조용한 ☐ 나의 부모님처럼

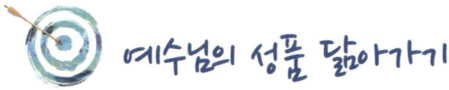 예수님의 성품 닮아가기

우리는 오랜 세월에 걸쳐 자녀에게 가르치고 싶은 기술과 습관, 성품들을 성경 속에서 많이 발견할 수 있습니다.

성경 속 성품들

인내	성실	절제	진실	선함
지혜	섬김	용기	충성심	희락
친절	긍휼	순종	온유	만족
책임감	끈기	분별력	너그러움	열정
근면	정돈	경청	용서	유연성
존중	조심성	안정	베풂	겸손
솔선	민감성	포용	감사	

1. 나는 어떤 성품을 중요하게 생각하며 살아왔나요? 그 가치들이 나의 자녀에게 잘 전달되고 있나요?

....

....

2. 잘 전달되지 않고 있다고 느낀다면, 어떤 이유로 그것이 쉽지 않다고 생각하나요?

부모는 자녀가 올바른 행동을 하는 아이로 자라는 것을 넘어,
'예수님의 성품을 닮아가는 아이'가 되도록 도와야 합니다.

훈육의 방법

하나님이 자녀를 부모에게 맡겨 주셨기에 부모는 자녀의 보호자이자 권위자입니다. 이 권위는 사랑, 격려, 용서처럼 부드럽고 따뜻함에 녹아 나타나야 합니다. 부모는 선한 권위를 발휘하여 아이에게 최선의 길을 찾아가도록 격려하고, 잘못을 깨닫게 할 수 있어야 합니다. 그 권위를 통해 자녀는 결국 하나님의 권위를 받아들이게 됩니다.

3. 최근 아이를 혼낸 적이 있나요? 주로 어떤 상황에서 아이를 훈육하게 되나요?

....

....

> **Note**
>
> 훈육(Discipline)과 제자(Disciple)는 같은 어원을 갖습니다.
> 훈육은 자녀에게 올바른 삶의 길을 사랑으로 꾸준히 가르치는 것입니다. 자녀를 훈육할 때 체벌이 필요할 수도 있습니다. 그러나 교훈이 없는 체벌은 자신의 존재를 부정적으로 느끼게 합니다.
> 감정적인 상태에서 아이의 행동만 바꾸려는 부모의 체벌은 잘못한 행동에 대해 벌을 줌으로써 상황을 바로 종료해 버립니다. 벌을 받을 때 부모에 대한 신뢰가 쌓이기보다는 두려움과 분노가 생깁니다.

또 아비들아 너희 자녀를 노엽게 하지 말고
오직 주의 교훈(discipline)과 훈계(instruction)로 양육하라
에베소서 6:4

4. 과거에 많은 부모가 자녀를 훈육할 때 가장 쉬운 방법으로 매를 선택했습니다. 매 사용에 대해서는 어떻게 생각하시나요? 매 이외에 다양한 훈육 방법들이 있습니다. 각 가정에서 적용한 창조적인 방법이 있다면 다른 부모들과 공유해 주세요.

....

....

Note

◎ 만약 매를 사용할 때 주의사항
1. 무엇 때문에 매를 맞는지? 앞으로 어떻게 해야 하는지? 설명해 줍니다.
2. 상처가 남지 않도록 아이의 나이에 맞게 수위를 조절합니다.
3. 매를 언제 사용할지에 대해 배우자와 충분히 상의합니다.
4. 수치스럽지 않도록 사람들이 모여 있는 곳에서는 매를 들지 않습니다.
5. 매를 사용하고 나서 여전히 사랑함을 표현합니다.

TIP. 때 이외 훈육 방법 생각하기

자녀의 마음에 반응하기

자녀의 행동을 수정하는 것과 마음을 변화시키는 것 중 어느 것이 더 쉬울까요? 대부분의 부모는 자녀의 잘못된 행동에 더 쉽게 반응하게 됩니다. 다음 두 가지 상황을 읽고 부모로서 어떻게 반응하면 좋을지 나눠 보세요.

상황 1

어느 날 중학교에 갓 입학 한 자녀가 부모에게 말합니다.

"나 이번 주부터 교회 안 갈 거야. 이제까지 엄마 아빠 때문에 가줬는데 그건 엄마 아빠 신앙이잖아? 내 인생은 내가 결정할 수 있는 거 아냐? 교회 가도 재미도 없고 하나님이 진짜 있는지도 의심스러워. 나한테 강요하지 말아 줘."

상황 2

아들은 저녁 8시 이후에는 온라인 게임을 하지 않기로 약속했다. 며칠 동안 잘 지켜가는 것 같았다. 어느 날 밤 11시쯤 나는 아들 방에서 들려오는 소리에 잠에서 깼다. 분명 친구와 게임을 하고 있다고 확신하고 아들 방을 노크했다.

"아 친구가 뭐 물어볼 게 있다고 갑자기 전화 온 거에요!"

다음날 아들의 카톡에 친구와 주고받은 메시지를 우연히 보게 되었다

"휴~엄마한테 들킬 뻔했잖아 ㅋㅋ"

5. 두 가지 상황 중 선택해서 나누어 보세요. 나는 부모로서 어떻게 할 것 같나요? 위 상황에서 아이의 욕구와 마음은 무엇이었을까요?

....

....

부모로서 자녀를 훈육할 때, 자녀의 행동보다는 자녀 마음의 변화에 집중해야 합니다. 자녀를 착한 아이가 되게 하는 것보다 예수님과 동행하는 것을 배우게 하고, 마음으로부터 순종하도록 도와주어야 합니다.

부모의 훈육은 자녀의 행동에 반응하는 것이 아니라
자녀의 마음에 반응하는 것입니다.

행동 수정 VS 마음 변화

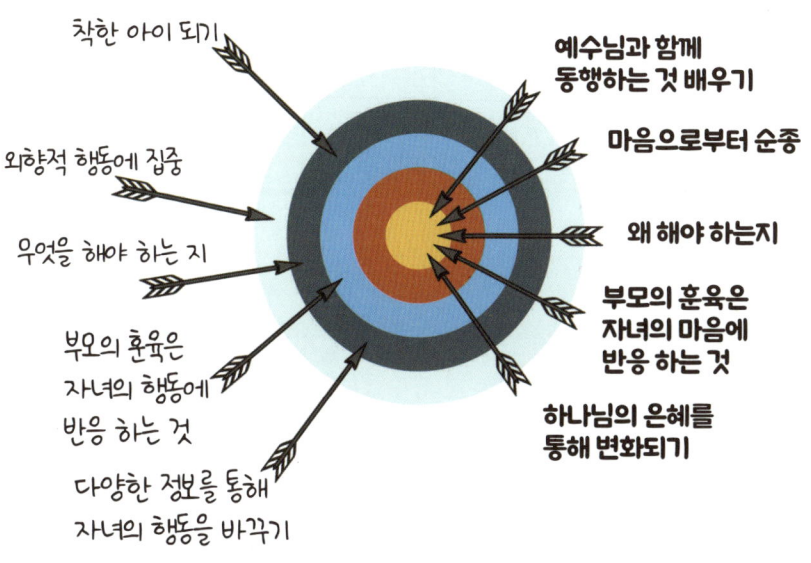

> **Note**
>
> ◎ 부모가 가져야 할 믿음
> 하나님은 우리 자녀를 우리보다 더 사랑하신다. 우리가 자녀의 성품을 잘 키워주도록 하나님이 도우실 것이다. 하나님은 우리가 한계에 부딪혔을 때 그분께 나아와 자녀를 위해 부르짖는 것을 기뻐하신다. 하나님은 무력한 부모의 기도를 들어주신다.

액션 포인트

나의 자녀를 생각하면서 앞으로 6개월 내에 집중하고 싶거나 성장이 필요한 성품을 자녀마다 두 개씩 골라보세요. 그리고 어떻게 도울 수 있을지 생각해 보세요. (P.30 성품들을 참고하세요)

이름:

1.
....

2.
....

이름:

1.
....

2.
....

이름:

1.
....

2.
....

Parenting 과제

먼저 각자 질문에 대답하고, 부부가 함께 나눠 보세요.

1. 당신이 받았던 보상 중에서 가장 좋았다고 생각하거나 창조적이라고 생각하는 것은 무엇인가요? 그런 보상을 받은 이유는 무엇이고, 당신에게 어떤 영향을 주었나요?

2. 당신이 야단을 맞았거나 훈육을 받았던 때를 떠올려 보십시오. 그것이 당신에게 미친 효과는 긍정적이었나요? 아니면 부정적이었나요?

3. 당신은 자녀를 칭찬하는 보상을 얼마나 잘 사용한다고 생각하나요? 스스로 점수를 주시고 이유를 설명하세요.

매우 적음 1, 2, 3, 4, 5 매우 잘함

4. 현재 당신이 사용하고 있는 보상에 체크 표시(∨)를 하고 당신이 실시하고 싶은 보상에는 동그라미(O)를 하세요.

　　____ 칭찬과 긍정
　　____ 가볍게 안아주고 뽀뽀해 준다
　　____ 특혜를 늘린다
　　____ 특별 용돈을 준다
　　____ 특별한 활동이나 여행을 한다
　　____ 데이트를 한다
　　____ 축하 파티를 연다
　　____ 비싼 선물을 한다
　　____ 상을 준다
　　____ 외식을 한다
　　____ 기타:

5. 당신은 훈육하는 사람으로서의 자신을 어떻게 보고 있습니까? 그 이유를 설명하세요.

6. 당신의 배우자가 사용하는 자녀 훈육 방법에서 가장 고맙게 여기는 것은 어떤 것입니까?

7. 다음 질문에 대해, 자신의 동의 혹은 불만의 정도를 표시하십시오.

내 배우자는 나를 지지하고 내가 자녀를 훈육할 때 내 위신을 깎아내리지 않는다.
　　　　　매우 비동의　1, 2, 3, 4, 5　매우 동의

우리 부부는 어떤 행동에 대해서 어떻게 훈육할 것인지에 동의하고 진행한다.

매우 비동의 1, 2, 3, 4, 5 매우 동의

나는 배우자가 아이들을 훈육할 때 배우자를 지지하며 배우자의 위신을 깎아내리지 않는다.

매우 비동의 1, 2, 3, 4, 5 매우 동의

8. 다음 목록을 검토하고, 자녀의 훈육에 있어 개선할 필요가 있다고 느끼는 두세 가지 분야에 체크 표시를 하십시오.

    ____ 더 일관되어야 한다
    ____ 목소리를 높이지 않는다
    ____ 자녀의 삶에 더 참여한다
    ____ 더 사랑한다
    ____ 배우자를 지지한다
    ____ 자녀에게 보상을 한다
    ____ 즉각 반응하기보다는 시간적 여유를 갖는다
    ____ 기타:

9. 자녀 훈육에 있어 어떤 문제가 있다면 배우자의 의견을 듣고 하나님께 해결을 위한 도움을 구해야 합니다. 당신이 어려움을 느끼는 문제는 무엇인가요? 설명해 보세요.

4. 정체성

주께서 내 내장을 지으시며
나의 모태에서 나를 만드셨나이다
내가 주께 감사하옴은 나를 지으심이 심히 기묘하심이라
주께서 하시는 일이 기이함을 내 영혼이 잘 아나이다
시편 139:13-14

명품 화살은 다른 화살과 구분하기 위해 그 화살만의 독특한 문양이 있습니다. 이것은 하나님이 각 사람에게 주신 고유한 정체성을 의미합니다. 자녀가 자신이 어떤 존재인지 명확하게 안다면 세상 속에 쉽게 휩쓸리지 않을 것입니다.

마음 열기

다음 두 가지 질문 중 한 개를 선택해 나눠 보세요.

- 누군가에게 나를 소개한다면 어떻게 이야기하고 싶나요? 나는 누구이며 어떤 사람인가요? 그리고 내 인생의 목적은 무엇인가요?

- 10년, 20년 뒤 자녀가 성인이 된 모습을 상상해 보세요. 외모, 성격, 사회성(대인 관계), 전문성(직업) 등 어떻게 성장해 있을까요?

....

....

'나는 누구며 어디서 왔는가?' '나는 사랑받고 있는가?' '하나님은 나에게 누구신가?' 살면서 이런 질문을 한 번쯤 해보았을 것입니다. 아마 우리 자녀들도 적어도 한번은 이와 비슷한 질문을 할 것입니다. 이 질문은 정체성에 대한 것입니다.

정서적 정체성

부모가 자녀를 있는 모습 그대로 수용하고, 무조건적 사랑을 보여줄 때 아이들은 자연스럽게 자신의 정체성을 발견하게 됩니다. 부모는 스스로에게 늘 이런 질문을 던져야 합니다. '우리 아이들이 내 사랑을 실제로 느끼는가? 아니면 내 사랑을 머리로만 아는가?'

1. 자녀들이 나의 사랑을 실제로 느끼는 것 같나요? 내가 어떻게 할 때 자녀가 실제로 사랑받는다고 느끼는지 나눠 주세요.

   ....

   ....

2. 자녀들이 어떤 면에서 나를 닮았고, 어떤 면에서 나와 다른지 생각해 보세요. 자녀의 어떤 고유한 모습이 받아들이기 어렵나요?

   ....

   ....

내가 충분히 사랑받는 존재라고 느낄 때
자녀는 안정감을 누리게 되고 마주하는 다양한 일들에 대해서
자신감 있게 감당해 갈 수 있습니다.
부모가 해야 할 가장 중요한 것은 '자녀를 무조건 사랑하는 것'입니다.
- 로스 캠벨 -

사랑의 눈길, 손길, 집중적 관심, 그리고 훈육을 통해 부모의 무조건적 사랑이 자녀의 감정 그릇에 가득 채워지게 되면 아이는 말과 행동으로 행복감을 흘려보내기 시작합니다. 이것은 어떤 부모라도 쉽지 않은 것이지만 최대한 도달하려고 할수록 우리의 자녀는 자신감 있고 건강한 정서를 갖게 될 것입니다.

주께서 내 내장을 지으시며 나의 모태에서 나를 만드셨나이다
내가 주께 감사하옴은 나를 지으심이 심히 기묘하심이라
주께서 하시는 일이 기이함을 내 영혼이 잘 아나이다
시편 139:13-14

가정을 안전한 곳이 되게 하세요. 자신을 마음껏 표현할 수 있는 곳, 인생의 힘든 상황을 함께 이겨내는 곳, 가정은 그런 곳이 되어야 합니다. 부모로서 우리는 자녀가 자기감정을 자연스럽게 느끼고 분명히 알도록 가르칠 필요가 있습니다. 자녀가 다른 사람에게 상처를 주지 않는 방식으로 건강하게 자신의 감정을 표현하도록 훈련하세요.

4. 정체성

 영적 정체성

자녀가 하나님을 어떻게 인식하는지는 매우 중요합니다. 이것은 자녀가 자라가며 자신에 대해, 그리고 다른 사람들에 대해 어떻게 생각하게 될 지를 결정짓는 중요한 기준이 됩니다. 아이들이 아주 어릴 때부터 반드시 하나님의 사랑을 알려주어야 합니다.

3. 당신은 자녀가 하나님을 어떤 분으로 알기 원하나요? 자녀가 그분을 향한 마음을 키울 수 있도록 가정에서 어떤 것을 하고 있나요? 또는 앞으로 해보고 싶은 것이 있나요? (다른 부모에게도 팁을 나누어 주세요. 실패의 경험을 나누어 주셔도 좋습니다.)

....

....

"하나님은 너를 지으셨단다.
하나님은 너를 특별하고 유일무이하게 지으셨어.
그리고 하나님은 너를 사랑하신단다."
이렇게 수천 번, 아니 수만 번 말해 주라.
- 필 비셔 -

하나님에게 초점을 맞추기 위해 자녀의 행동 변화를 강요하기보다는 자신의 힘과 능력으로는 죄 그리고 자기중심성을 해결할 수 없다는 것을 깨닫게 해 주는 것이 중요합니다.

패밀리 타임

4. 가정 예배를 드리고 있거나, 드려본 경험이 있다면 그 분위기를 묘사하는 항목에 표시해 보세요. 없다면 아이들과 어떤 모습의 가정 예배를 드리고 싶나요?

☐ 차분함　☐ 산만함　☐ 싸움　☐ 소리 지름　☐ 속상함
☐ 갈등　☐ 짜증　☐ 긴장　☐ 답답함　☐ 부담감
☐ 슬픔　☐ 행복　☐ 웃음　☐ 감사　☐ 즐거움
☐ 재미있음　☐ 은혜로움　☐ 친밀함　☐ 기대되는　☐ 경건함
☐ 기타(　　　　　　　　　　　)

가정 예배를 드리고 싶은데 쉽지 않다면, 패밀리 타임처럼 가벼운 느낌으로 바꾸어 자녀의 나이에 맞게 짧고 즐겁게 진행해 보는 것도 좋습니다.

TIP. 다양한 가정 예배/패밀리 타임의 모습들

찬양에 맞춰 율동하기
잠자리에서 성경 이야기 읽어 주기
성경 이야기 상상해서 그림 그리기
손잡고 서로 기도해 주기
성경 필사하기, 큐티하기
찬양 부르며 맛있는 간식 먹기
보드게임 올림픽
성경 인물 퀴즈, 빙고 게임
신앙 서적 읽고 나누기
최근 뉴스로 토론하기
감사 제목 작성하고 나누기

4. 정체성

자녀가 크면 성경을 읽고 묵상한 것을 나눌 수도 있고 사회에 일어나는 문제들에 대해 토론하고 함께 기도할 수 있습니다.

패밀리 타임이 꾸준치 못하고 때로는 부모가 바라는 대로 진행되지 않더라도 포기하지만 않는다면 그것이 쌓여 자녀의 마음에 선한 영향을 미칠 것입니다.

Note

◎ 자녀 마음에 담겨야 할 영적 정체성
- 나는 하나님의 형상을 따라 창조되었다.
- 하나님은 내가 그분과 관계를 맺도록 창조하셨다.
- 하나님을 향한 마음을 기를수록 그분을 점점 더 닮게 된다.
- 나는 그리스도의 제자다.
- 나는 신앙 공동체에 속해있고 한 일원이다.
- 하나님은 나를 그분을 대표하는 대사로 사용하기를 원하신다.

 성(性)적 정체성

어떤 국가에서는 소셜 미디어 가입 시, 성적 지향에 따른 조합으로 71가지 항목에서 성을 선택하도록 제공하고 있습니다. 스웨덴 학교에는 프로노멘(Pronomen)이라는 프로그램이 활성화 되어 있습니다. 이 프로그램에서는 자신의 생물학적 성은 중요치 않고 자신이 불리고 싶은 성을 밝히고 친구들과 공유합니다.

5. 성을 바라보는 세상의 시각에 대해 어떻게 생각하나요? 우리의 자녀들을 혼란스럽게 만드는 성에 대한 다양한 주변 이야기를 나눠 보세요.

....

....

세상이 말하는 성은 선택이고 다양하지만, 성경의 진리는 아주 단순 명료합니다.

> 하나님이 자기 형상 곧 하나님의 형상대로 사람을 창조하시되
> 남자와 여자를 창조하시고
> 창세기 1:27

무엇보다도 중요한 것은 성을 결정할 권리는 만든 분에게 있다는 사실입니다. 성경의 어디에도 제3의 성을 인정하거나 언급한 일이 없습니다. 하나님은 남자와 여자를 창조하셨습니다.

4. 정체성   47

우리의 목표는 하나님의 본래 의도에 초점을 맞추는 것입니다. 부모는 하나님이 설계하신 여성과 남성의 차이에 관해 충분히 이해하면서 자녀에게 알려 주고 의미 있는 대화를 나누도록 노력해야 합니다.

부모는 성에 대한 세상의 왜곡된 관념에서
자녀들을 보호할 책임이 있습니다.

*P2P: 부모가 자녀에게 성교육하기 좋은 도구로 P2P(Passport to Purity)라는 교재가 있습니다. 이것은 아빠가 아들에게, 엄마가 딸에게 가르쳐 줄 수 있도록 구성되어 있습니다. 부모가 함께하는 Fun Fun한 자녀 성(性)교육으로 P2P세미나를 추천합니다. 워크북 뒷면에 P2P 세미나에 대한 안내가 있습니다.

액션 포인트

자녀의 정서적, 영적, 성적 정체성을 위해 6개월 안에 실천할 수 있는 것을 두 가지씩 적어 보세요.

이름:

1. ....

2. ....

이름:

1. ....

2. ....

이름:

1. ....

2. ....

자녀 상호 활동

부모의 신앙을 이야기하라

부모가 자녀에게 복음을 전해주는 것은 부모에게나 자녀에게 놀라운 특권입니다. 특별한 시간을 내어 배우자와 함께 자녀에게 부모의 영적 여정을 이야기해 보세요.

1. 자녀와 함께 샌드아트 4영리를 보고 예수님을 인격적으로 만날 수 있는 방법을 소개해 주세요.

샌드아트 4영리

2. 만약 자녀가 예수님을 인격적으로 영접했다면, 아이가 그때의 경험을 이야기할 기회를 주시고, 자세히 기억하지 못한다면 부모님이 기억하는 것을 말해 주세요.

- 당신이 예수님을 만나기 전에는 어떤 삶을 살았는지 짧게 돌아보는 것으로 시작해 보세요.

- 당신의 믿음의 결단과 예수님과의 인격적 관계로 들어가게 된 과정을 나눠 주세요.

- 예수님과 인격적 관계를 맺은 후 당신 삶의 변화에 대해 이야기해 주세요. 당신이 믿음 안에서 성장하도록 도와주신 분들은 누가 있나요? (부모님, 친척, 목회자, 주일학교 교사, 학교 선생님 등)

4. 정체성

5. 사명

우리는 그가 만드신 바라
그리스도 예수 안에서 선한 일을 위하여
지으심을 받은 자니
이 일은 하나님이 전에 예비하사
우리로 그 가운데서 행하게 하려 하심이니라
에베소서 2:10

화살촉은 화살이 과녁에 정확히 꽂히게 합니다. 이것을 사명이라고 합니다. 모든 사람에게는 하나님이 부여해 주시는 삶의 목적, 열정, 비전이 있습니다. 부모는 하나님이 자녀를 위해 특별히 예비하신 독특한 사명을 함께 찾아 주어야 합니다.

마음 열기

- 지금 첫째 아이를 배웅하고 있다고 가정해 봅시다. 대학에 입학하여 기숙사로 떠나고 있으며, 군대에 입대하거나 취업이나 결혼으로 독립한다고 상상해 보세요. 기분이 어떤가요? 아이에게 어떤 말을 해 줄 것 같나요?

....

....

....

 **점진적으로 떠나보내기**

지금까지 우리는 자녀가 하나님과 다른 사람을 사랑하고, 칭찬받을 만한 인격과 뚜렷한 정체성을 형성하는 것에 대해 나눠 왔습니다. 이것이 잘 세워졌다면 자녀는 세상으로 날아갈 준비가 된 것입니다.

양육은 각 화살을 잘 만들어서 조준하고 쏘아 보내는 긴 과정입니다. 화살이 과녁에 명중하려면 수많은 연습이 필요하듯이 자녀가 성장하면서 만나는 크고 작은 떠나보냄의 순간들에서 자녀라는 화살을 날려 보내는 시도가 계속되어야 합니다. 양육은 자녀를 조금씩 독립시켜 가는 순간의 연속입니다.

떠나보내는 순간들
- 스스로 밥 먹기
- 첫걸음마
- 어린이집 보내기
- 초등학교에 입학
- 친구 집에서 하루 보내기
- 용돈 받아 관리하며 사용하기
- 부모 없이 친척 집 방문하기
- 스마트폰 사 주기
- 귀가 시간 정하기
- 학교 기숙사 보내기
- 운전하기
- 아르바이트
- 데이트

1. 현재 나의 자녀는 어떤 발사의 순간들(떠나보내는 순간들)을 경험하고 있나요?

   ....

   ....

2. 자녀가 조금씩 독립을 향해 나아가도록 돕는 것이 부모로서 쉽나요? 아니면 어렵게 느껴지나요? 왜 그럴까요?

   ....

   ....

양육의 목적은
자녀를 불완전하게 사랑하는
육신의 부모에게서
그들을 완벽하고도
무조건적으로 사랑하시는
하늘 아버지께
떠나보내는 것임을 늘 명심하라
- 수잔 예이츠 -

성인 자녀의 삶에서
부모는 더 커지지 말고
작아져야 한다.
- 제인 앤 -

TIP. 자녀를 떠나보내기

- 자녀를 너무 오래 붙잡고 있지 않도록 조심하라.

- 자녀 중심적인 가정이 되지 않도록 배우자와 함께 노력하라.

- 큰 존재로 남아 있지 마라.

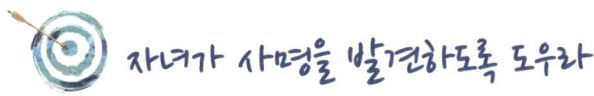

자녀가 사명을 발견하도록 도우라

부부는 자녀가 떠나고 빈 둥지가 된 인생의 다음 단계를 함께 계획해야 합니다.

당신의 자녀는 하나님이 특별한 사명을 위해 만드신 걸작품입니다. 부모는 청지기로서 하나님의 자녀를 잠시 맡아 키우는 것입니다. "**우리는 그가 만드신 바라 그리스도 예수 안에서 선한 일을 위하여 지으심을 받은 자니**"(엡 2:10)

하나님은 자녀에게 선한 일을 예비하셨습니다. 당신의 자녀가 그 선한 일을 발견할 수 있도록 가장 잘 도울 수 있는 사람이 바로 당신입니다.

TIP. 자녀가 사명을 찾도록 돕기

1. 먼저 당신은 사명을 좇는 사람인지 생각해 보고 본이 되어 주세요.
2. 자녀의 재능, 능력, 열정, 관심사를 알아보는 분별력을 주시도록 기도하세요.
3. 자녀가 재능이나 능력을 발휘할 때마다 칭찬과 격려를 해 주세요.
4. 자녀를 더 잘 알기 위해 배우자와 함께 관찰하고 의논하세요.
5. 자녀와 자주 대화하며 그 꿈에 불을 지펴 주세요.
6. 실패할 기회를 주고 실패가 끝이 아님을 말하며 가르치세요.
7. 자녀의 삶을 향한 하나님의 목적이 이루어지도록 자녀와 함께 기도하세요.

나의 자녀는 소중하고 독특한 존재입니다.

3. 나의 자녀들의 기질과 달란트, 관심 분야에 대해 적어 보세요. 그리고 다른 사람들에게도 나눠 주세요. 그것은 자녀가 사명을 찾고 성취하는 데 있어 중요한 요소가 됩니다.

> (예) 둘째 수아
> 내성적이고 차분하다. 눈물이 많다. 친구를 사귀는 데 시간이 걸리지만 친해지면 아주 활발해진다. 다른 사람의 필요에 민감하여 공감을 잘하고 돕고 베푸는 것을 잘한다. 아이들과 동물들을 좋아하고 돌보는 것을 잘한다. 운동을 좋아한다. 먹는 것을 좋아하고 관심이 많아 요리도 즐거워한다.

....
....
....
....

> 부모가 자녀의 미래를 생각할 때 보통 '뭐가 되었으면 좋겠다.' 하면서 어떤 직업(What)을 가질지에 관심을 둡니다. 하지만 자녀가 어떤 인생(How)을 살지에 초점을 맞출 때 그 직업은 자녀의 삶 속에서 더욱 큰 의미와 가치를 만들어 낼 것입니다.
> 자녀의 미래를 하나님께 맡겨드릴 때 내 자녀의 창조주, 진정한 부모 되시는 하나님이 나의 자녀의 삶을 최선으로 인도해 주실 것입니다.

액션 포인트

자녀에 대한 바람을 담아 사명 기도문을 적어 보세요.

자녀를 향한 사명 기도문

예시1
찬희에게 주신 안정감과 온유함에 감사합니다.
찬희에게는 느리지만 꾸준함이 있습니다.
대학에서 건축학과를 전공하려고 합니다.
공부해 가면서 하나님이 주시는 비전을 발견하게 하소서.
자기가 선택한 일에 행복감을 느끼며
주위 사람들에게 긍정적인 영향력을 끼치게 하소서.
어디에서 살든지 하나님의 제자로 살게 하소서!

예시2
보라를 너무 사랑하시는 하나님!
보라는 긍휼의 은사가 있습니다.
언제나 어려운 사람들에게 시선을 향합니다.
보라의 꿈은 어린아이를 돌보는 사람이 되는 것입니다.
우리 딸의 꿈을 축복합니다.
보라가 가는 곳마다 그 땅에 복음이 전해지고
연약한 자들이 회복되고 하나님이 기뻐하시는 것을
모두가 보게 하소서!

예시3
주영이를 보며 기뻐하시는 하나님!
주영이에게 희락의 열매를 주셨습니다.
노래를 부를 때나 운동을 할 때나 기쁨이 넘칩니다.
주영와 함께 있는 사람들은 슬픔이 치유되고 행복하게 하소서.
태권도를 하며 체육학과에 가고 싶어 합니다.
그 가는 길을 밝혀주시고 목적을 이루고
멋있는 체육 선교사가 되게 하소서!

6. 화살 차트

내가 산을 향하여 눈을 들리라
나의 도움이 어디서 올까
나의 도움은 천지를 지으신 여호와에게서로다
시편 121:1-2

자녀를 하나님의 제자로 세워가기 위해 함께 나누고 기도했던 만남을 마무리하는 시간입니다. 이번 과에서는 그동안의 내용과 적용점을 '화살 차트(Arrow Chart)'에 작성해 한 장의 시각화된 자녀 양육 로드맵을 완성하게 됩니다.

마음 열기

- 이 모임이 나에게 어떤 의미가 있었나요? 새롭게 깨닫거나 도전받은 것이 있다면 나눠 주세요.

....

....

화살 차트 작성하기

1. 1과부터 5과까지 적었던 액션 포인트를 다시 한 번 보면서 자녀 각각의 화살 차트를 완성하세요.

2. 완성된 화살 차트를 그룹 원들과 나누세요. 자녀를 위한 기도 제목을 함께 나누고 서로 기도해 주세요.

끝까지 화살 차트를 잘 완성한 여러분 모두를 격려하고 축복합니다. 작성한 화살 차트는 잘 보이는 곳에 붙여두고 기도하며 실천해 주세요.

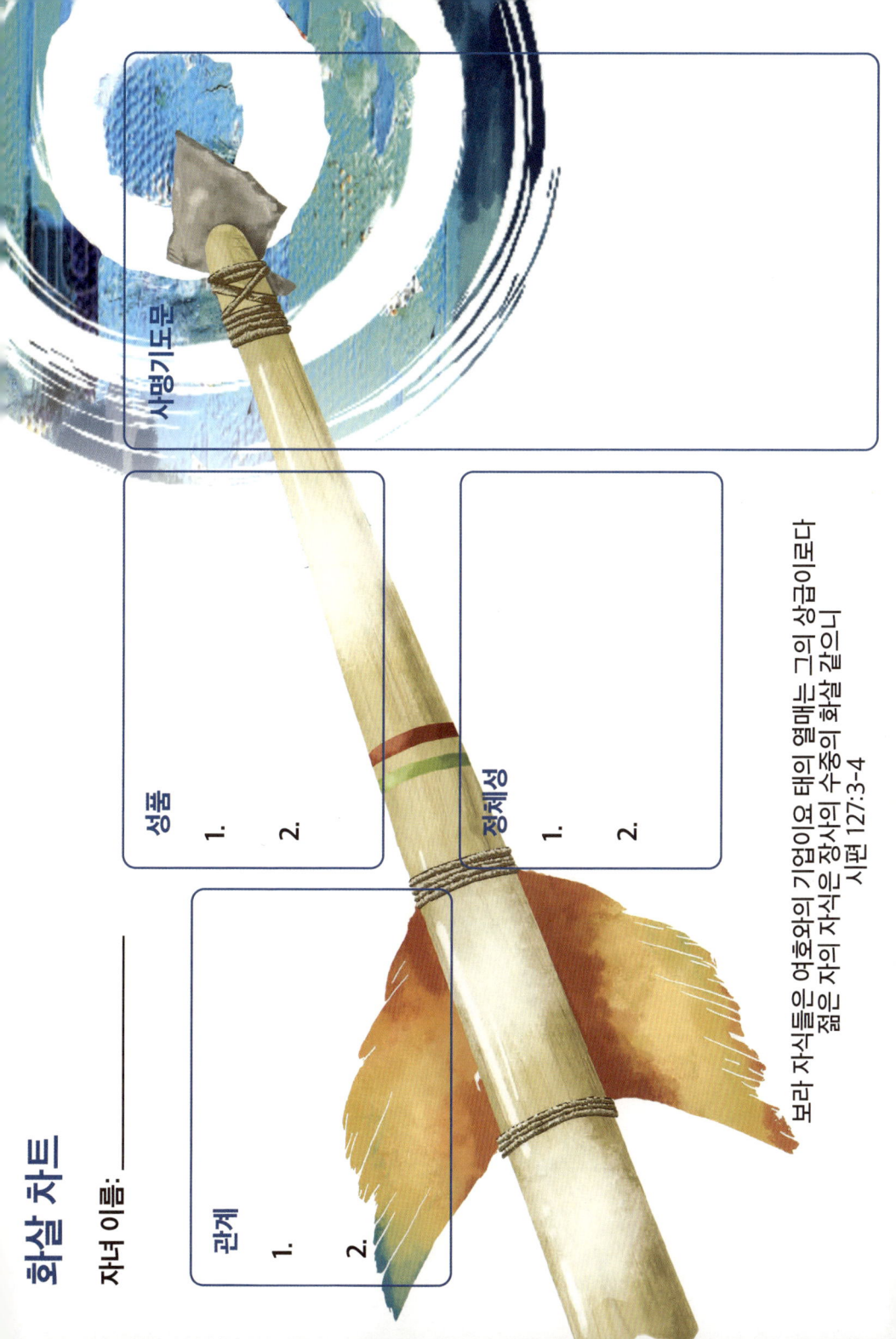

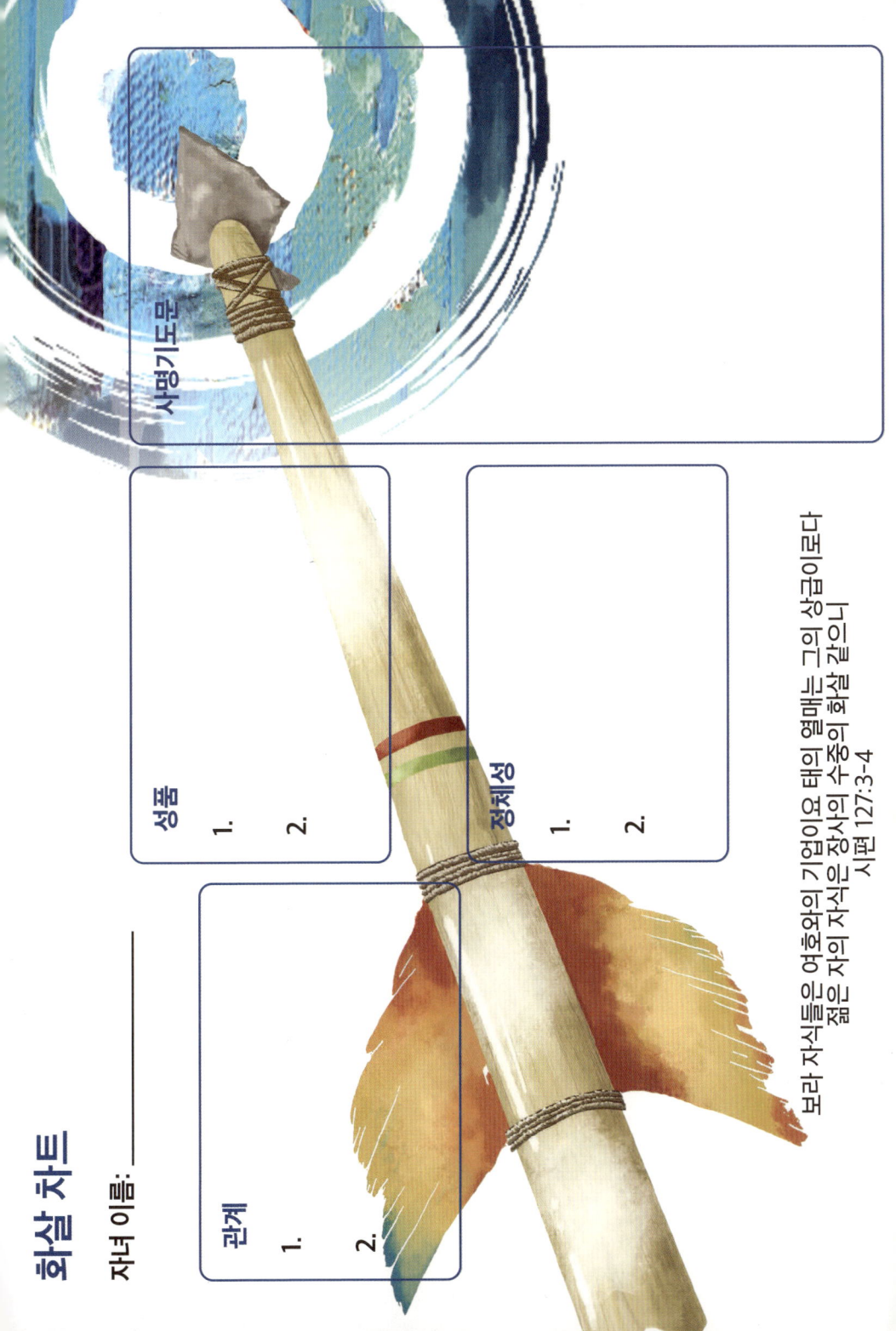

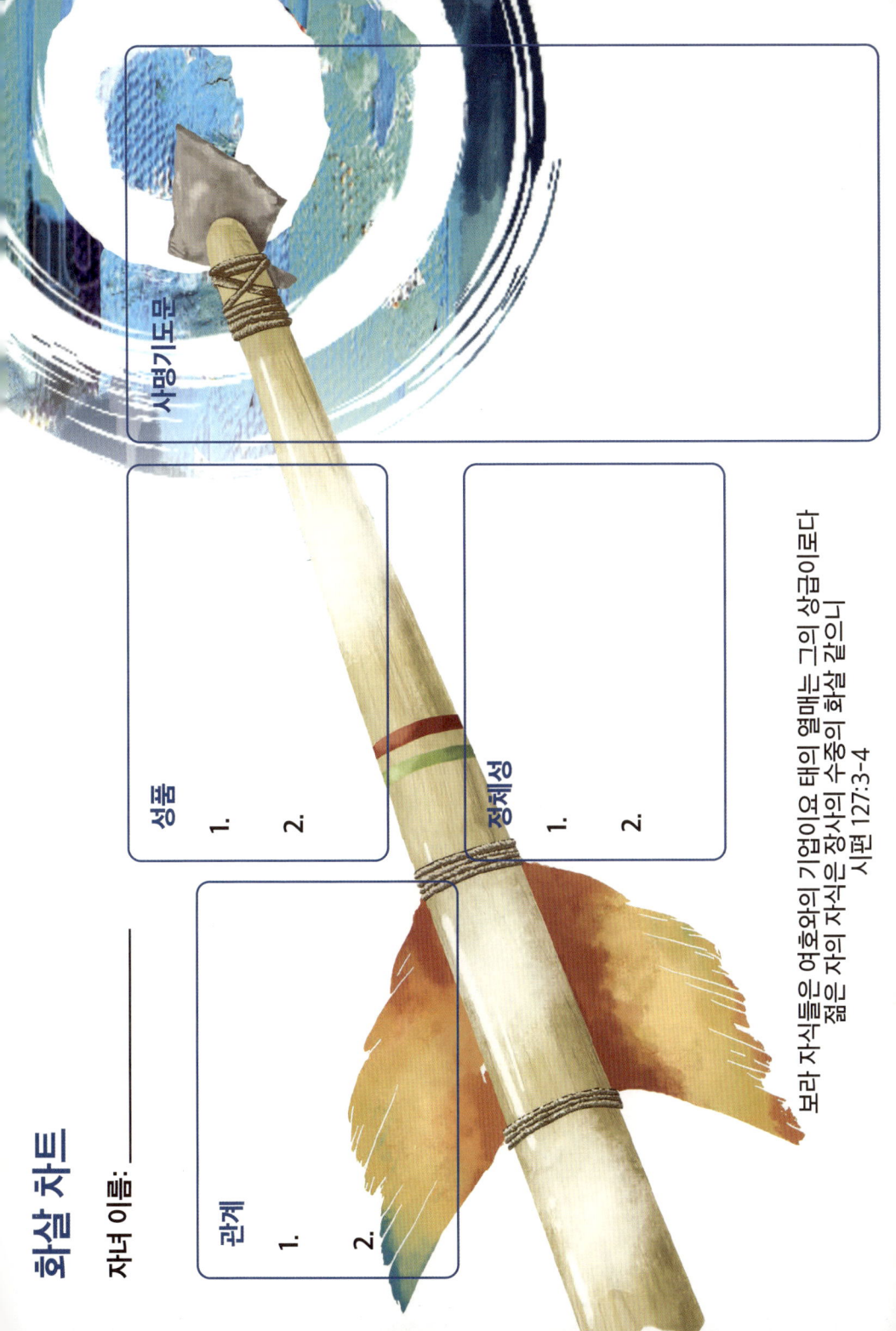

화살 차트

자녀 이름: _____

사명기도문

성품
1.
2.

정체성
1.
2.

관계
1.
2.

보라 자식들은 여호와의 기업이요 태의 열매는 그의 상급이로다
젊은 자의 자식은 장사의 수중의 화살 같으니
시편 127:3-4

FAMILYLIFE
건강하고 거룩한 가정

인생의 모든 시즌을 도와서
당신과 가정을 행복하게 합니다.

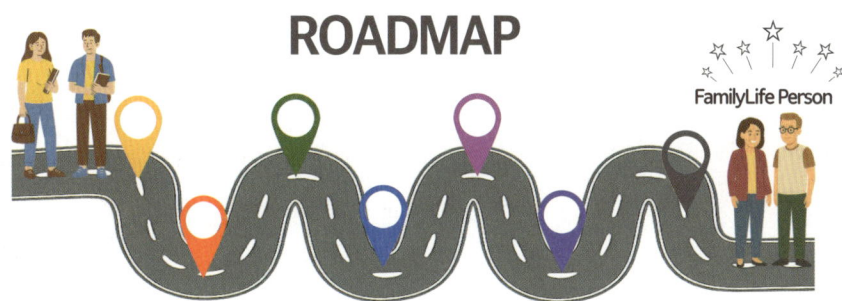

ROADMAP

FamilyLife Person

1 싱글사역
졸업생
만혼자
싱글즈

2 결혼사역
예비학교
신혼학교

3 부부사역
커플체크업
홈빌더
홈빌더인도자

4 부모사역
AOP
P2P
P21

5 여성&남성
Significant Woman
Man of Impact
Stepping Up

6 미션
다문화&
이주민
해외선교
새터민

7 중년사역
하프타임에도
멋진부부

FamilyLife Korea

CCC에 속한 단체로서 건강하고 거룩한 가정을 세우고
확산하기 위하여 1993년부터 사역을 해왔습니다.
결혼 전 부터 부부의 황혼 시기까지
인생의 주기에 따라 다양하 사역을 진행하고 있으며
국내를 넘어 해외로 영향력을 펼쳐가고 있습니다.

FamilyLife Korea

P2P

Passport to Purity의 약자로 부모나 인도자가 하는 Fun Fun한 자녀 성(性)교육

하나님이 디자인 하신 성(性)을
놀이와 함께 재미있게 교육할 수 있습니다.

세션 1. 같이 여행을 떠나 볼까?
세션 2. 똑같이 하지 않아도 괜찮아
세션 3. 새로운 여행지에 가기 전에
세션 4. 전방 조심! 데이트 경계선
세션 5. 너의 여행에 언제 함께 할거야
세션 6. 부록 아티클

아빠와 아들이
엄마와 딸이
인도자와 아이들이 함께하는 재밌고
특별한 데이트!

자녀 다이어리,
부모 가이드, 여행활동 키트

FamilyLife Korea

홈빌더 시리즈

부부와 부모가 실제적인 지혜를 얻을 수 있는 최고의 소그룹 모임 교재!

부부 시리즈
- 서로 친밀한 부부
- 소통하는 부부
- 팀워크 좋은 부부
- 스트레스 잘 다루는 부부
- 재정 스마트 부부
- 갈등을 해결하는 부부
- 서로 세워주는 부부
- 영적으로 성장하는 부부
- 하프타임에도 멋진 부부

부모 시리즈
- 좋은 부모 되기
- 십대 자녀와 좋은 관계 맺기
- 효과적인 자녀 훈계
- 믿음의 자녀 키우기